KB166029

＊감수인

이 책은 인류가 발달하는 과정과 세계의 운동 전체를 거시적이고 넓은 시각에서 체계적으로 보여주고 있다. 서로 다르고 복잡해 보이는 사건들이 하나의 맥락을 갖고 연결되어 있다는 사실과 의미를 이야기 형식으로 서술하여 쉽게 파악할 수 있다. 학습효과를 위하여 단계적으로 이해해가는 형식을 취했고, 단원마다 요점들을 정리하여 서술하였다. 또한, 사실을 확신시키고 흥미를 높이기 위해 다양한 자료들, 현장 사진들, 삽화, 그리고 극화까지 활용하였다. 세계문화의 백과사전 같은 가치를 지녀서 성인들이 학습하기에도 손색이 없다. 청소년들이 머지않아 현재로서 맞이할 미래를 위해 이 책이 의미 있는 길잡이가 되길 바란다.

윤명철 (동국대학교 교수. 역사학자)

＊일러두기

• 맞춤법과 띄어쓰기는 국립국어원에서 펴낸 〈표준국어대사전〉을 기준으로 삼았습니다. 다만, 역사 용어의 표기와 띄어쓰기는 교육과학기술부에서 펴낸 〈교과서 편수 자료〉와 중학교 국사 교과서를 따랐습니다.

• 외국 인명과 지명은 〈외국어 표기 용례집〉을 따랐습니다.

• 〈세계사 이야기〉의 내용이나 체재는 2011년에 새로 나온 초등학교 교과서를 기본으로 하여 편집하였습니다. 맞춤법이나 표기도 최종적으로는 초등학교 교과서에 맞추었습니다.

파리 에트왈 개선문

우리 땅 넓은 땅
세계사 이야기 32

세계의 문화유산

펴 낸 이 : 이재홍
펴 낸 곳 : 도서출판 세종
등록번호 : 제18-79호
대표전화 : 02)851-6149. 866-2003
F A X : 02)856-1400
주　　소 : 경기도 광명시 가학동 786-4호
공 급 처 : 한국가우스 | 등록번호 제18-147호
고객상담전화 : 080-320-2003
웹사이트 : WWW.koreagauss.com

※잘못 만들어진 책은 교환해 드립니다.

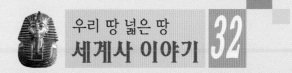

우리 땅 넓은 땅
세계사 이야기 **32**

세계의 문화유산

글 **한국역사교육연구회** ■ 추천 **파랑새 열린학교 · 한국역사사관학교**
감수 **윤명철** (동국대학교 교수 · 역사학자)

한국가우스

역사를 올바로 보는 눈

세계의 역사는 우리 인류가 걸어온 발자취입니다.

어제 일어난 여러 사실들은 역사가의 평가와 시각에 의하여 역사적 사실로 재발견되고, 그 의미가 새롭게 밝혀져 역사로 기록됩니다.

이것을 통하여 오늘의 우리는 어제의 역사와 만나게 되고 우리가 살지 않았던 어제를 생생하게 체험하며, 그 올바른 의미를 물려받게 됩니다.

역사는 오늘의 삶을 비추어 주는 거울이며 내일을 바라볼 수 있는 창이기도 합니다.

때문에, 역사 서술은 치우침이 없고 엄격해야 합니다.

우리는 그러한 역사를 공부함으로써 우리 자신과 오늘의 현실을 객관적으로 바라보고, 또 비판할 수 있는 힘을 기르게 됩니다. 역사를 배우는 중요한 목표는 자신을 스스로 깨닫게 하는 데에 있다고 합니다.

한편, 역사는 단순한 어제가 아니라 살아 있는 어제여야 한다고 말합니다. 이 것은, 역사가 단순히 어제의 사실을 알려 주는 것만이 아니고 오늘의 우리에게 교훈이 되고, 오늘의 문제를 해결할 수 있는 슬기가 되어야 한다는 뜻을 담고 있습니다.

이는 곧 우리가 왜 역사를 배워야 하는지를 말하는 것이기도 합니다. 한국인으로서의 정체성과 함께 다른 문화와 국가에 대한 이해가 있어야만 이 지구촌의 시대를 살아갈 수 있기 때문에 특히 세계사는 중요합니다.

한국인으로서 정체성은 한국사뿐만 아니라 세계사를 함께 배울 때 온전히 형성될 수 있습니다.

우리 어린이는 이러한 역사 인식으로 세계사를 사랑할 뿐 아니라, 인류의 번영, 그리고 새로운 세계의 건설에 이바지하는 '올바른 역사관'을 가진 세계인이 되도록 힘써야 할 것입니다

세계역사교육연구회

상트페테르부르크의 에르미타주 미술관

우리 땅 넓은 땅

세계사 이야기

32

차 례

세계 문화유산

유네스코는 세계유산을 문화유산과 자연 유산, 그리고 문화유산과 자연 유산을 모두 가진 복합 유산으로 나누고 있습니다.

문화유산과 자연 유산의 지정 기준에 관하여 알아보면 다음과 같습니다.

프랑스의 베르사유 궁전

멕시코의 치첸이트사

1. 문화유산

우르의 지구라트

첫째, 독특한 예술적 또는 미적인 업적, 즉 창조적인 재능의 걸작품을 대표한 것.

둘째, 일정한 시간에 걸쳐 또는 세계의 한 문화권 내에서 건축, 기념물 조각, 정원 및 조경 디자인, 관련 예술 또는 인간 정주 등의 결과로써 일어난 발전 사항들에 상당한 영향력을 행사한 것.

셋째, 독특하거나 지극히 희귀하거나 아주 오래된 것.

넷째, 가장 특징적인 사례의 건축 양식으로서 중요한 문화적, 사회적, 예술적, 과학적, 기술적 또는 산업의 발전을 대표하는 양

파리 몽마르트르 언덕

식인 것.

　다섯째, 중요하고 전통적인 건축 양식, 건설 방식, 또는 인간 주거의 특징적인 사례로서 자연에 의해 파괴되기 쉽거나 역행할 수 없는 사회, 문화적 혹은 경제적 변혁의 영향으로 상처받기 쉬운 것.

　여섯째, 역사적 중요성이나 함축성이 현저한 사상이나 신념, 사진이나 인물과 가장 중요한 연관이 있는 것.

에스파냐 세고비아의 로마의 수도교

세계 자연 유산인 캐나다의 로키 산맥

2. 자연 유산

첫째, 지구의 주요한 진화 단계를 대표하는 현저한 사례.

둘째, 현재 진행되고 있는 중요한 지질학적 과정, 생물학적 진화 및 인간과 자연환경의 상호 작용을 나타내는 현저한 사례.

셋째, 독특하고 희귀하거나 최상급의 자연 현상, 인간에게 가장 중요한 생태계, 또는 지역, 대집단의 동물들에 의해 제공되는 장수, 자연 식물들이 뒤덮인 포괄적인 조망.

넷째, 희귀하거나 멸종 위기에 처한 동식물의 종이 아직 생존하고 있는 서식지 범주에서 보편적인 관심과 중요성이 있는 동식물이 집중되어 있는 생태계.

알타미라 동굴 벽화

알타미라 동굴 벽화

에스파냐 북부 산탄데르 서쪽 산티야노 델 마르에 있는 구석기 시대의 동굴벽화입니다.

1879년, 이 지역에 살던 사우투올라의 다섯 살 난 딸이 천장 벽화를 발견하였는데, 이 그림이 구석기 시대의 회화로서 인정된 것은 퐁 드 곰 등 다른 동굴 벽화가 발견된 20여 년 후의 일입니다.

20세기에 프랑스의 신부이

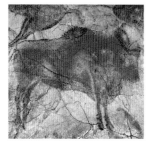

알타미라 동굴 벽화에 그려진 소

며, 고고학자인 브뢰유는 오리냐크 기에서 시작하여 단채색의 그림은 마들렌 문화 전기, 다채색의 대천장 벽화는 마들렌 문화 후기로 보았습니다.

그 후 프랑스의 르루아그랑은 동굴 내의 회화 전체를 고찰하고 그 연대를 정정하였습니다. 그에 따르면, 동굴은 신역과 같은 성소로서 사용된 것으로 추측되는데, 초기(솔뤼트레 문화~마들렌 문화)에는 심부에 흑선화를 그렸습니다.

이어서 마들렌 문화 중기에 입구부 근처에 있는 다채색의 대천장 벽화가 그려졌으며, 마들렌 문화 후기에는 심부에 매머드와 함께 말, 들소의 구도가 그려졌습니다.

라스코 동굴 벽화

프랑스 도르도뉴 지방에 있는 동굴 유적입니다. 후기 구석기 시대에 속하는 여러 벽화가 발견된 곳으로 유명합니다.

1940년 그곳 소년들에 의해서 발견되었으며, 벽화에는 1~5미터에 이르는 것까지 있고, 100점 이상의 말, 사슴, 들소 등이 포함되어 있는데, 이 중에는 이미 멸종한 것도 있습니다.

이들 벽화는 당시의 사람들이 동물에 의거한 생활을 어떻게 보냈는지를 잘 보여 줍니다.

프랑스의 고고학자 브뢰유에 의해 처음에는 후기 구석기 시대 전반의 것으로 추정되었습니다. 그러나 적외선 사진에 의한 정밀 조사 및 동굴 안의 퇴적물 중에서 발견된 형상 골제품과의 대비 등에 의해서 후기 구석기 시대 말기의 것으로 판명되었습니다.

라스코 동굴 벽화

스톤헨지

거석 기념물인 스톤헨지

영국 월트셔의 솔즈베리에 있는 고대의 거석 기념물입니다. 솔즈베리 평야의 거의 중앙에 제단석이 있고 이를 둘러싸고 말굽 모양으로 석주가 늘어서 있으며, 그 바깥쪽에 주상석이 3중의 환상 열석이 있는 것으로 유명합니다.

스톤헨지는 오랜 시간에 걸친 사용과 개축이 있었으며, 1~3기에 편년되어 있습니다. 1기에는 지름이 약 110미터에 이르는 환상의 개울과 그 안쪽의 토루에 의해 둘러싸인 내부에 크고 작은 입석이 이중의 동심원상으로 배치되어 있습니다. 2기의 입석은 이미 멸실되었으나 발굴에 의하여 이중으로 에워싼 82개의 입석이 있던 자리가 검출되었습니다.

또, 외주의 개울 바깥쪽에 두 줄기의 개울과 토루에 의하여 통로가 나 있는 것도 이 시기로 추정되며 그것은 비커식 토기를 사용하던 사람들의 단계로 보입니다.

3기에는 38킬로미터 북쪽의 다운스에서 운반된 사센석이라는 거석에 의하여 트라일리선(스톤헨지에서 현재 볼 수 있는 가장 큰 거석에 의한 구축물)이 구축되었습니다.

스톤헨지의 열석군은 묘광을 수반하는 점에서 매장과 관련이 있다고 추정되고 있는데, 또 중앙에 있는 제단상의 돌이 하지에 태양의 일출 방향과 관계가 깊은 위치에 있다는 점에서 태양 숭배와 관계가 있는 것으로 추정되고 있습니다.

하트라

메소포타미아의 고대 도시 하트라의 유적입니다. 현재의 이라크에 속하며, 모술의 남서쪽 133킬로미터에 있습니다.

20세기 초에 조사되었으나, 1951년부터 1954년에 이라크 고고국이 본격적으로 발굴, 조사하였습니다. 궁전과 신전을 중심으로 주위 약 6.4킬로미터의 성벽에 의하여 거의 원형으로 둘러싸이고, 그 바깥쪽에 폭넓은 해자가 있습니다.

셀레우코스 왕조 때부터 발달하였고, 파르티아 제국의 산하로 들어가서도 독립된 군사와 교역 도시로서 번영하였습니다.

로마 제국의 여러 차례의 공격에도 굴복하지 않았으나, 240년경 사산 왕조 페르시아에 정복되어 뒤에 폐허가 되었습니다. 하트라 미술에 관하여 전에는 후기 파르티아식이라고 하였으나, 최근에는 그레코로만, 피르디이의 영향과 더불어 토착 셈계의 짙은 특색이 지적되고 있습니다.

하트라 도시 유적

피라미드

돌 혹은 벽돌로 지은 사각뿔 모양의 이집트 건조물입니다.

그리스인은 기원전 7세기 이후 이집트에 정주하고, 기원전 5세기에는 학자, 여행자의 발길이 계속되어, 고대 이집트의 지명과 기념물을 그리스어로 불렀습니다. 피라미드의 어원인 '피라미스'는 '삼각형 빵'을 일컫는데, 모양이 비슷한 데서 큰 사각뿔의 기념물에 피라미드라는 이름이 붙었습니다.

피라미드는 왕묘로서, 그리고 왕족의 묘로서 축조되었습니다. 이집트의 선사에도 죽은 사람을 묻고, 그 위에 토사로 둔덕을 만들어 덮는 매장법은 이미 있었습니다.

이집트 피라미드와 스핑크스

스핑크스

　기원전 3000년경부터 왕조 시대로 들어와서 마스타바(의자형 분묘)가 왕묘의 형태가 생기고 후에 벽돌로 만들어진 상부 구조의 규모가 커지면서 그 구조도 견고해졌습니다. 이것은 세 가지의 역할을 가지고 있었는데, 즉 지하의 매장실을 보호하고, 묘의 존재를 명시, 혹은 과시하거나, 죽은 이를 위한 정기적인 제사를 드리는 장소가 된다는 것이었습니다.

　피라미드의 건조는 말기 왕조 시대에 누비아의 여러 왕들이 피라미드를 쌓았으나, 규모, 재질, 구조로 보아, 이집트의 피라미드와는 비교가 안 됩니다. 오늘날 이집트 전역에 알려져 있는 피라미드의 총수는 81기입니다.

룩소르

룩소르 신전

룩소르는 이집트 남부 나일 강 상류 동쪽 연안에 있는 관광 도시입니다. 카이로에서 철도, 도로, 항로가 연결되어 교통이 편리합니다.

고대 이집트에서 가장 번성하였던 테베의 도읍으로, 룩소르 신전 등 장대한 유적군이 있어 나일 강 관광의 거점을 이룹니다. 유적은 룩소르 시가지와 북방 3킬로미터의 카르나크 간에 널리 분포합니다.

이집트의 고왕국 시대에는 작은 마을에 불과하였으나, 중왕국 시대에 들어 테베를 본거지로 한 안테프 1세가 고왕국의 혼란을 수습하고, 멘투호테프 2세가 상·하부 이집트를 재통일하면서 그 수도가 되었습니다.

룩소르 신전에 새겨진 부조

　중왕국 시대 후, 힉소스의 침입으로 다시 혼란에 빠졌으나 테베를 근거지로 하는 영주가 세력을 뻗어 아프메스 1세 때 힉소스를 몰아내고 새로운 왕국 시대를 맞이하였습니다.

　중왕국, 신왕국 시대의 테베는, 지역신으로부터 국가의 신이 된 아멘 신의 총본산으로서, 또 이집트의 수도로서 영화를 누렸고, 고대 오리엔트의 중심 도시가 되었습니다.

　룩소르 신전은 제18왕조의 아멘호테프 3세가 건립하고, 제19왕조의 람세스 2세가 증축한 것으로, 높이 16미터에 이르는 원기둥이 열을 지어 늘어서 있는 것이 장관입니다.

아부심벨 신전

고대 이집트 제19왕조의 람세스 2세가 축조한 신전으로, 아스완의 상류, 제2폭포 하류의 수단 국경 부근인 나일 강 골짜기에 위치하는 도시 아부심벨에 있습니다. 왕 자신을 위한 대신전과 왕비 네페르타리를 위한 소신전으로 되어 있습니다. 모두 바위 안에 세운 암굴 신전으로 지상에 있는 피라미드와 대비되는 대건조물입니다.

대신전의 평면은 높이 33미터, 너비 38미터, 안길이가 63미터에 이릅니다. 정면에는 의자에 앉아 있는 왕의 상이 4개 있으며, 높이는 모두 20미터씩입니다.

중앙에 태양신 라 호라크티 상을 두고 상부에는 태양을 예배하는 비비(원숭이과의 동물)의 무리가 새겨져 있습니다.

안으로 들어서면 먼저 너비 16.7미터, 안길이 18미터인 제1실이 나옵니다.

여기에는 높이 10미터인 오시리스 신 모양의 람세스 상이 8개가 있고, 벽면 전체를 덮고 있는 그림과 문자는 왕의 카데시 전투의 경과를 자세히 기록하고 있습니다.

아부심벨 신전

팔미라

시리아 사막의 중앙에 있는, 고대 유적으로 알려진 오아시스 도시입니다. 인구 약 1만 5,000명이며, 현재 시리아에 속해 있습니다. '타드모르'라고도 합니다.

이스라엘 솔로몬 왕은 동방 물자 수입의 전방 기지로 삼았습니다. 기원전 1세기경부터 실크로드상의 중계 교역 도시로서, 로마 제국과 파르티아 제국, 그 뒤를 이은 사산 왕조 페르시아 제국과의 항

팔미라 유적

쟁 때에는 로마편을 들어 급속히 발전하였습니다.

3세기 후반에 등장한 여왕 제노비아는 로마 제국에 대하여 독립을 선언하였지만, 아우렐리아누스 황제에 의해 공략당하였습니다.

도시 구조, 정치 형태, 종교, 언어, 미술 등을 포함한 문화 전반에 그리스, 로마, 페르시아, 이집트 등 동서 문명의 영향을 볼 수 있는 한편, 시리아의 전통을 계승하는 팔미라의 독특한 성격을 볼 수 있습니다.

아테네의 아크로폴리스

    고대 그리스를 대표하는 아테네 폴리스는 동서 길이가 약 300미터, 남북 길이가 150미터의 길고 가느다란 언덕입니다.

    기원전 13세기의 미케네 시대에는 거석을 쌓아올린 성벽이 주위에 세워지고, 왕궁이 건조되어 있었습니다.

    아크로폴리스로서 대규모의 신전 건축이 시작된 것은 기원전 6세기 후반, 참주 페이시스트라토스 시대 이후의 일입니다. 그러나 건조 중인 것까지 포함한 이 신전은 기원전 408년 아티카에 침입한 페르시아군에 의해 완전히 파괴되었습니다.

아테네의 아크로폴리스

아크로폴리스에 있는 파르테논 신전

파르테논 신전의 부조

여신 아테나를 기리는 조각

　기원전 450년대에는 페르시아 전쟁의 승리를 기념해서 페이디아스에 의해 이룩된 여신 아테나의 거대한 청동상이 제작, 설치되었습니다. 그 후, 페리클레스의 정책에 따라 델로스 동맹의 공조를 유용한 신전이 본격적 재건이 시작되었습니다.

　아크로폴리스의 주변 지역에서는 남쪽 기슭의 디오니소스 극장, 헤로데스 아티크스 음악당 등이 유명합니다.

크노소스 궁전

기원전 17세기경 고대 에게 문명의 중심지였던 에게 해 크레타 섬 북쪽의 크노소스에 있던 궁전입니다. 미노스 왕이 지었으며 궁전 안에 작은 방을 안배하여 미궁으로 유명합니다.

크레타의 궁전과 귀족의 별장을 장식하는 벽화는 예술사상 제1급의 벽화 예술로 꼽히고 있습니다.

발굴에 참여한 고고학자에 의해 '파리의 소녀'라고 이름이 붙여진 그림은, 예술가의 안목에서 불필요하다고 느낀 세부가 과감히 생략된 것을 볼 수 있습니다.

크노소스 궁전의 벽화
'파리의 소녀'

크노소스 궁전

아잔타 석굴 사원

아잔타는 인도의 대표적인 고대 석굴 사원으로 널리 알려진 작은 마을입니다. 인도 서부 데칸 고원의 북서쪽에 있습니다.

와고라 강의 침식으로 이루어진 말굽 모양으로 바위산의 절벽 중턱에 굴착된 석굴은 그 수가 29개로서, 하류에 있는 굴을 제1호로 하여 차례로 번호가 매겨져 있습니다.

19세기 전반에 영국인에 의해 처음으로 발견된 후 세계적으로 그 이름이 알려졌으며, 현재는 인도뿐 아니라 아시아의 대표적인 불교 미술의 보고로 유명합니다.

아잔타 석굴 사원

아잔타 석굴은 서인도의 많은 불교 석굴군 중에서 규모가 가장 크고 건축적 구성이 정연할 뿐만 아니라, 굴 안팎의 장식 조각, 존상 조각도 정교하기 이를 데 없습니다. 그중에서도 중요한 것은 수준 높은 벽화가 매우 많다는 점입니다.

제1기에 조성된 제9, 10굴의 인도 불교 미술 초기 양식을 나타내는 벽화와 제2기의 제16, 17, 1, 2굴의 순으로 그려진 4굴의 벽화는 어느 것이나 불교 설화도와 존상화가 대부분입니다. 없어지거나 손상된 부분도 적지 않으나, 인도 회화사상 유례가 없는 걸작으로 현대에 있어서도 불멸의 예술로 손꼽히고 있습니다. 특히, 1, 2굴의 벽화 및 천장의 장식화는 인도 예술의 전성기였던 굽타 왕조 회화의 걸작으로 널리 알려져 있습니다.

페르세폴리스

이란 남서부, 시라즈 시의 북동쪽 약 48킬로미터에 있는 쿠흐에라흐마트 산기슭에 조영된 고대 페르시아 제국의 도시입니다.

아케메네스 왕조 페르시아의 다리우스 1세가 제국의 새 수도로서 기원전 520년부터 건설을 시작하였고, 그 후 역대 왕이 증축하거나 개축을 계속하였습니다.

행정부로서의 정치적 수도는 이미 수사에 두었으므로, 페르세폴리스는 왕의 의식이나 축제 등을 행하는 신성한 역할을 가진 수도였습니다. 건조물은 산의 사면에 조성된 광대한 테라스 위에 배치되었습니다.

페르세폴리스 궁전의 유적

페르세폴리스의 섬세한 부조 〈소를 습격하는 사자〉

대표적 건축물로는 다리우스의 궁전과 100개의 열주가 서 있었다고 하여, 백주전으로 불리는 매우 큰 사랑방, 주두에 사자, 소 등을 조각한 기둥이 있는 알현전, 크세르크세스의 궁전 및 보물 창고, 하렘 등이 있습니다.

또, 알현전의 계단에 남아 있는 조공하는 피정복 민족의 부조도 유명합니다. 기원전 330년 마케도니아의 알렉산드로스 대왕에 의히어 제국은 멸망되었고, 페르세폴리스도 폐허의 도시가 되었습니다. 1931년부터 시카고 대학의 발굴 조사가 시행되었고, 1964년부터 유적의 수복, 보존 작업이 시작되었습니다.

로마

전설에 의하면, 로마는 기원전 753년, 로물루스에 의해서 건설되었다고 합니다. 고고학적으로는 기원전 1천년기 초에 이미 팔라티노 언덕에 라틴인, 또 퀴리날레 언덕과 에스퀼리노 언덕에 사비니인이 거주한 것으로 알려지고 있으며, 이들에 의해 로마 시가 이루어진 것은 기원전 7세기 중엽이라 합니다.

로마의 콜로세움

로마의 트레비 분수

　전하는 바에 따르면, 건국 이래 7대에 걸쳐 왕에게 지배되었고, 그 후 여러 대의 에트루리
아인 왕조의 지배를 거쳐 공화정이 되었습니다.

　시의 거의 중앙에 위치한 포룸(현재의 포로 로마노)이라고 불린 광장이 시민 생활의 중심을
이루었고, 민회는 대개 여기
에서 개최되었습니다.

로마의 포로 로마노

　카이사르의 만년 이래 광
장은 몇 개 더 신설되었는
데, 그 폐허는 현재 폴리임
페리얼 거리의 주변에서 볼
수 있습니다.

　16세기에 이르러 로마는
피렌체에 이어서 르네상스
문화의 중심이 되었습니다.

폼페이

이탈리아 남부 캄파니아 주 북서부 나폴리 군 동부에 있는 관광지입니다. 베수비오 화산 남동 기슭의 비옥한 토지로, 나폴리 만에 가까운 교통의 요지였기 때문에 일찍이 이탈리아 선주민 오스크인이 취락을 이루고 있었습니다.

기원전 8세기에는 그리스의 식민지가 들어서, 기원전 7세기에는 에트루리아인도 이주하여 도시 국가로 성장하여 귀족 공화정을 이룬 것으로 생각됩니다.

그리스 신전이 세워지고 가옥도 늘어났으며, 포도, 농산물 또는 어패류를 산출하는 한편, 경석 등을 수출하여 번영하였습니다.

기원전 5세기에는 산지에 사는 삼니움인에게 약탈, 점령되었습니다.

베수비오 화산 폭발로 매몰되었다가 발굴된 폼페이의 거리

폼페이의 부엌 유적

그 후 로마의 진출로 그 지배하에 들어갔으나, 제2차 포에니 전쟁 때에는 카르타고의 한니발 편에 섰다가 다시 동맹시전쟁에서도 로마에 저항하여, 결국 로마 시민권을 획득하기는 하였습니다.

폼페이 유적의 미라

그러나 결국 로마의 지배에 복속하고, 로마의 유력자 술라파의 퇴역병이 다수 거주하여 도시의 이름도 술라의 가명을 붙여서 불리게 되었습니다. 그 후 급속히 라틴화, 로마화가 진전되었습니다.

제정기에 들어서는 휴양지로서 번영을 계속하여 수도와 포장도로가 정비되었으나, 대지진으로 주민들이 불인한 생활을 하던 중, 베수비오 화산이 대폭발을 일으켰습니다. 그 후, 폼페이는 다시 부흥하지 못하고 아주 잊혀졌습니다.

베네치아

이탈리아 북동부 베네토 주의 주도이며, 베네치아 군도의 군도로, 아드리아 해 북안에 면해 있는 항만 도시입니다.

베네치아 만 안쪽의 베네토 석호에 발달한 사주로 이루어진 122개의 작은 섬들이 중심 시가지의 지반이며, 이 섬들은 약 400개의 다리로 연결되어 있습니다.

베네치아의 곤돌라 선착장

이 다리의 하나인 리알토 교는 아케이드가 붙어 있는 모양이 아름다워 관광 명소로 되어 있습니다.

시내에는 176개의 운하가 종횡으로 흐르고 있고, 유명한 대운하 카날레 그란데가 시내를 북서쪽에서 남동쪽으로 S 자형으로 꿰뚫어 '물의 도시' 또는 '석호의 도시'라고 불리는, 세계 굴지의 관광 도시를 이루고 있습니다.

베네치아 리알토 다리

베네치아 산마르코 광장의 종탑

대운하의 출구에 있는 비잔티움, 로마네스크 양식의 산마르코 대성당과 전에 베네치아 공화국 정부의 청사였던 두칼레 궁전 등의 역사적 건축물, 아카데미아 미술관 소장의 베네치아파 회화 등, 관광 자원이 풍부하여 아름다운 운하의 경관과 함께 관광 산업이 활발합니다.

베네치아의 역사는 5~7세기 이탈리아 북부에 침입한 서고트 족, 훈 족, 랑고바르드 족으로부터 피난처로서 아드리아 해 북변 간석지에 이퀼레이아 등을 비롯한 북부 도시들의 주민이 이주하여 선주한 어민과 함께 몇 개의 도시적 취락을 형성하였습니다.

혼란 속에서 독립성을 드높인 이 취락들은 수장을 세우는 연합체를 이루었습니다.

8세기 말, 프랑크 왕국이 공격을 받은 이 연합체는 방위를 위해 수도를 마라모코에서 리알토로 옮겼는데, 이 간석지 가운데의 작은 섬과 그 주변의 무수한 작은 섬 위에 형성, 발전한 도시가 베네치아입니다.

35

모헨조다로

　파키스탄 남부 카라치의 북북동쪽 300킬로미터에 있는 인더스 문명 최대의 도시 유적으로, '사자의 언덕' 이라는 뜻입니다. 하라파와 함께 인더스 문명의 수도로 평가되고 있습니다.

　1912년에 발견된 이래, 처음에는 영국의 인도 고고학자 마셜, 마키, 영국의 고고학자 휠러에 의해 대규모로 발굴되었습니다.

　유적은 주위 5킬로미터 이상에 걸쳐 있으며, 발굴 결과 서쪽에는 성새, 동쪽에는 시가지구가 있어서 질서 있는 도시 계획에 의해 설계되었음이 판명되었습니다.

모헨조다로 유적은 인더스 문명 최대의 도시 유적으로, '죽은 자의 언덕' 이라는 뜻이다.

모헨조다로의 고관의 주택 유적

내부에는 공공의 대목욕탕, 곡물 창고, 학문소, 집회소, 방비소 등의 시설이 있으며, 중심부에는 쿠샨 시대의 스투파가 세워져 있습니다.

시가지는 도로에 의해 정확히 구획되어 있어 대도가 남북으로 3, 동서로 2개 직교로 나 있고, 그것에 의해 나뉜 대블럭이 소로로 세분되어 있습니다.

커다란 우물 자리

모헨조다로의 유적은 지하 수십 미터까지 퇴적되어 있어서 그 도시가 오래 지속되었다는 것을 추측하게 합니다.

쿠스코

쿠스코는 남아메리카 중서부, 페루 중남부에 있는 쿠스코 주의 주도입니다. 우루밤바 강 상류, 안데스 산맥 중의 3,399미터 지점의 고원 분지에 위치합니다. 옛 잉카 제국의 수도로, 유적이 곳곳에 남아 있어 페루 최대의 관광 도시를 이룹니다.

또한, 남부 페루 산악 지대의 상업 중심 도시로서,

페루의 쿠스코

분지 내에서 재배되는 농·축산물이 이곳에 모입니다.

주민은 대부분 인디오이며, 길거리에 늘어선 건물들은 잉카와 에스파냐 양식이 절충된 건축 양식으로, 잉카 시대 건물 토대 위에 에스파냐풍으로 세워졌습니다.

구불구불한 돌포장길과 붉은색이 도는 옅은 갈색 기와지붕, 흰색, 노란색, 분홍색의 회반죽 벽 집, 단단하게 쌓은 돌벽 집 등이 즐비하여 풍취 있는 거리가 이어집니다.

잉카 제국의 태양 신전 자리에 세워진 도미니코회 수도원을 비롯한 30개 가까운 가톨릭 성당과 예배당, 수도원이 있습니다.

해마다 6월 24일에 열리는 잉카 제전 '인티 라이미(태양의 축제)'에는 세계 각국으로부터 많은 관광객이 몰려듭니다.

마추픽추

　페루 남부, 잉카의 수도 쿠스코 시의 북서쪽 약 70킬로미터 지점에 있는 잉카 후기의 유적입니다. 1911년 빙엄에 의해 발견되어 이듬해 대규모 조사가 이루어졌습니다.

　북쪽과 동쪽, 서쪽은 벼랑으로 되어 있고, 남쪽은 이중 방벽에 둘러싸여 있습니다. 방벽 한 곳에 입구가 있고, 거기에서 쿠스코로 통하는 길이 있습니다.

　두 방벽 사이는 넓은 계단식 밭으로 되어 있고, 내벽의 안쪽에는 '3개의 창문의 신전', 인티우아타나 등의 종교구, 광장, 거주구, 욕장 또는 샘, 묘지 등 200종 이상의 건조물이 있습니다.

잉카 문명의 유적인 마추픽추

피렌체

　　피렌체는 기원전 30~기원전 20년경에 로마인이 식민하였고, 제정 시대에 발달하였습니다. 기원후 5세기, 고트 족에 의해 파괴된 후, 카를 대제의 방문을 계기로 부흥이 시작되었습니다. 토스카나 여백의 마틸데 시대에는 귀족과 유력한 시민이 주축이 되어 자치가 시작되었으나 코무네(자치 도시)의 형성은 1120년대였습니다.

피렌체의 시청과 다비드상

피렌체 시내

    1380년대부터 상업 무역이 진흥되고, 1412년 전후의 십수 년간 피렌체는 황금시대를 맞았는데, 견직물 공업과 공예품 산업의 호경기와 해상권 확립에 의한 것이었습니다.

    1422년 밀라노의 확장 정책이 추진되자, 피렌체는 또다시 전쟁 비용 조달, 중세 경제 부진의 악순환에 빠졌고, 구 가문인 알비티 가와 신흥 세력 메디치 가의 대립 또한 심화되었으나, 1434년 코지모 데 메디치가 실권을 장악하여 그의 가문을 축으로 하는 과두 지배 시대가 열렸습니다. 1494년, 메디치 가는 공화국에서 추방되었고, 피렌체에는 보다 민주적인 정치 체제가 시행되었습니다.

    그 후, 사보나롤라의 신정이 시작되었지만, 그는 교황과 정면 충돌한 후 시민의 지지를 잃어 1498년에 처형되고 말았습니다. 1512년, 메디치 가가 카를 5세의 군과 교황의 후원으로 복귀함으로써 헌법은 폐지되고 공화제는 해체되었습니다.

바티칸시티

산 피에트로 대성당 근위병

가톨릭의 최고 성직자이자 그 수장인 교황의 '카데드랄'이 있는 대성당은, 4세기 콘스탄티누스 황제가 크리스트교를 로마의 국교로 정한 기념의 증표로, 베드로의 무덤을 제단으로 하여 세워졌습니다.

하지만 지금 우리가 볼 수 있는 것은 그때의 것이 아닙니다.

16~17세기에 걸쳐 원래의 것을 허물고 그 자리에 재건한 것입니다. 타원형의 산 피에트로 대성당, 그 한복판에 하늘을 향해 우뚝 솟은 오벨리스크, 두 개의 열쇠를 보여 주며 서 있는 베드로 석상, 십자 평면 구도의 대성당 건물이 있습니다.

바티칸시에 있는 산 피에트로 대성당

산 피에트로 대성당 내부

　안으로 들어가 만나게 되는 미켈란젤로의 조각 〈피에타〉, 넓은 창을 통해 들어오는 빛을 받아 신비한 공간을 만들어 내는 베르니니의 〈교황의 제단〉, 하늘의 형상을 그려 놓은 듯한 미켈란젤로의 둥근 천장, 교황의 개인 교회당인 시스티나 성당의 천장과 제단 벽에 그려진 미켈란젤로의 유명한 〈천지 창조〉와 〈최후의 심판〉, 바티칸 박물관의 〈라오콘 상〉 등은 바티칸의 사방거리입니다.

　산 피에트로 대성당을 비롯하여 광장과 시스티나 성당, 박물관, 교황 관저 등 바티칸시티 전체가 세계 유산으로 지정되어 있습니다.

피사 대성당

피사의 사탑

　이탈리아 중서부 피사의 로마네스크 건축을 대표하는 성당입니다. 부속 건물로는 피사의 사탑으로 알려진 종루, 세례당 등이 있습니다. 대성당은 팔레르모 해전의 승리를 기념하여 1064년에 기공하여 13세기에 파사드가 완성하였습니다.

　피사 태생의 갈릴레이는 대성당 안의 흔들리는 램프를 보고 진자의 등시성을 떠올렸다고 전해집니다.

　피사의 사탑은 지반의 침하로 건설 중에 기울어져 그대로 완성되었습니다. 경사는 해마다 조금씩 더하고 있으나 구체적인 방책은 아직 취해지지 않고 있습니다.

피사 대성당과 피사의 사탑

에펠탑

프랑스 혁명 100주년을 기념하여 1889년 파리에서 개최된 파리 세계 박람회 때 그 대회장의 기념비로 건설된 철탑입니다.

높이 312미터이며, 명칭은 이 탑을 건설한 기술자인 에펠의 이름에서 유래합니다. 에펠은 지상 300미터 높이라는 당시의 건조물로는 생각할 수 없었던 세계 최고의 강철탑을 그 자신이 축적해 온 철교의 가설 기술을 구사하여 실현했습니다.

에펠탑에는 1층(58미터), 2층(116미터), 3층(276미터)에 각각 전망실이 있으며, 엘리베이터로 연결되어 있습니다.

건설 당시에는 이 탑이 도시 경관에 미치는 영향에 대해 찬반양론이 있었으나, 오늘날에는 파리 경관에 없어서는 안 될 명물이 되었습니다.

관광 명소인 에펠탑

카르카손

프랑스 남부 오드주의 주도입니다. 로마 시대의 군사 기지로 건설된 옛 도시로서, 이 지역의 관광 중심지입니다.

시테라는 구시가와 서민들 거주지가 오드 강을 사이에 끼고 들어서 있습니다.

오른쪽 연안 언덕 위에 있는 구시가는 12~13세기에 건설된 약 60개의 탑이 있는 성벽으로 둘러싸여 있고, 전형적인 중세 도시의 모습을 간직하고 있습니다.

성벽의 기부에는 서고트 시대의 것도 있는데, 이것은 19세기에 수복되었습니다. 시테의 성 나제르 성당은 로마네스크 고딕식 건축으로서 유명합니다. 또한, 건너편 강 기슭의 서민들 거주지는 13세기 루이 9세 시대에 건설되었습니다. 공업은 그리 발달하지 않았으나, 모직, 가죽 제품, 와인 등이 생산됩니다.

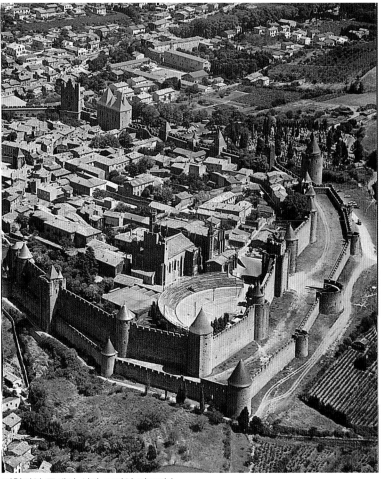

전형적인 중세의 성곽 도시인 카르카손

몽생미셸

프랑스 북서부 망슈주 코탕탱 반도 남쪽 해안 근처에 있는 작은 섬입니다. 둘레는 900미터, 해발 고도 약 80미터, 원뿔 모양의 화강암질로 이루어진 암산으로, 켈트 시대에는 '사자의 섬'으로 알려졌습니다. 708년 대천사 성 미카엘이 출현했다고 전해지며 아브랑슈의 주교 성 오베르가 이곳에 수도원을 세운 후부터

몽생미셸 수도원

프랑스 최대의 관광지와 순례지로 발전되었습니다.

수도원은 평균 해면상 약 150미터의 높이에 위치하며, 8~16세기 건축의 로마네스크, 고딕, 르네상스 각 시대의 양식으로 건축되었습니다.

19세기 후빈 해인부와의 사이에 제빙을 쌓은 뒤 역사 건조물로 지정되있으나, 그 이전인 16세기에는 감옥으로 쓰였습니다. 간만의 차이가 심하여 만조시에는 섬 주위에 노출되어 있던 바다 밑부분이 바닷물로 덮여 섬이 바닷속으로 묻혀 버리는 듯한 모습을 볼 수 있습니다.

샤르트르 대성당

스테인드글라스 〈장미의 창〉

프랑스 북부 외르에루아르주의 샤르트르에 있는 대성당입니다. 프랑스의 대표적인 고딕 양식의 성당으로, 파리 남서쪽 보스 평야의 소도시 샤르트르에 세워져 성모에게 봉헌된 대성당입니다.

헌당식은 1260년 10월 24일에 성왕 루이 9세가 참석한 가운데 행해졌으며, 크리프트(지하 예배당)는 9세기로 거슬러 올라가는데 여러 차례 화재와 복구가 되풀이되었습니다.

9세기의 성당은 1020년의 화재로 소실되고 사제 프르벨의 지휘로 재건되었으나, 1134년의 화재로 다시 정면 현관 부분이 파손되었습니다.

후에 복구된 제2기의 로마네스크 양식 성당은 1194년의 화재로 또다시 파괴되었는데, '왕의 문'이 있는 서쪽 정면의 현관부와 좌우의 탑은 파괴를 면하였습니다.

오늘날의 고딕 양식 성당은 1194년 이후의 제3기에 건조된 것입니다. 당내 신랑부의 너비는 16.4미터로 프랑스 제1의 규모를 자랑하고 천장의 높이는 36.55미터, 당내의 길이는 73.47미터이며 1220년에 완성되었습니다.

파리의 센 강

프랑스 북부, 일드프랑스 지방을 흘러 수도 파리를 관류하는 대표적인 하천입니다. 하천의 길이는 776킬로미터로, 루아르 강 다음가는 프랑스 제2의 강입니다.

유역인 트루아에서 높이 113미터, 몽트로에서 50미터, 파리에서 25미터로 완만한 경사이고, 유량도 계절적으로 차이가 큽니다.

수운망은 프랑스의 전 하천 교통량의 3분의 1을 차지하고 있습니다. 센 강은 파리의 지형과 경관에 큰 영향을 주고 있습니다.

남서 방향에서 파리 시로 흘러든 센 강은 중심부를 동쪽에서 서쪽으로 흐르다가 북쪽으로 방향을 전환한 다음, 다시 남북으로 크게 곡류하면서 북서쪽에서 교외로 빠져나갑니다.

중심부에는 두 섬, 즉 생루이 섬과 시테 섬이 강 가운데에 있습니다. 시테섬은 파리의 발상지입니다.

시는 센 강을 끼고 크게 우안과 좌안으로 나누어집니다. 양안과 두 섬을 연결하는 다리의 수도 많고, 강 연안은 시민과 관광객들의 산책지로 되어 있습니다.

파리의 센 강

베르사유 궁전

파리 남서쪽 약 21킬로미터 지점의 베르사유에 있는 부르봉 왕가의 이궁입니다. 1661년부터 1690년에 세워진 루이 14세의 궁전으로, 1682년부터 1715년에는 루브르 궁을 대신하는 정식 왕궁이 되었습니다.

깊숙한 정면 중앙 부분은 부왕인 루이 13세가 1623년부터 1626년에 세운 소박한 저택을 되도록 보존했기 때문에 이질적이지만, 정원 쪽은 유럽에 군림한 국왕답게 절도 있는 위용을 자랑하고 있었습니다.

베르사유 궁전과 루이 14세의 기마상

베르사유 궁전의 정원

베르사유 궁전의 내부

　모든 공예 기법을 구사하여 국왕을 신격화하기 위해 화려하게 꾸며 놓은 내장은 르 브룅의 지도로 이루어졌었습니다.

　베르사유 시도 궁전이 준신을 이루도록 개조되었고, 도시 계획부터 궁전이 내장에 이르기까지 모든 것이 국왕의 권위를 절대화하기 위한 목적에 바쳐졌으며, 각국 왕궁의 모범이 되었었습니다.

예루살렘

　이스라엘과 요르단의 국경에 있는 도시로, 이스라엘의 수도이며 인구는 약 42만 명입니다. 해발 790미터의 고지 위에 있으므로 지중해성 기후와 사막 기후의 영향을 받아 겨울에는 몹시 춥고, 봄과 가을에는 무척 더울 때가 있습니다.

　고대 유대 왕국의 수도로서 사적들이 많고, 유대교, 크리스트교, 이슬람교의 성지로서 성적지가 많은데, 통곡의 벽(유대교), 성묘 교회(크리스트교), 바위의 돔(이슬람교) 등은 유명합니다.

　1967년의 중동 전쟁 이후로는 이스라엘이 요르단령이었던 동쪽의 구시가지(쿠도스;신성한 도시)를 점령한 채로 있습니다.

유대교, 크리스트교, 이슬람교의 성지인 예루살렘

예루살렘 성전의 일부로 유대인들의 성지인 '통곡의 벽'

　제1차 십자군 전쟁 때에 시나고그(유대교의 교회당)에서 많은 유대인이 불타 죽었습니다. 그리고 예루살렘이 크리스트교도의 수중에 들어갔을 때, 유럽인에 의해 예루살렘을 중심으로 한 예루살렘 왕국이 건설되어 튀르크의 안티오키아에서 에데사, 트리폴리를 포함한 영토를 그 판도로 하였습니다.

　그리고 1187년 아이유브 왕조의 살라딘이 이슬람교도를 거느리고 예루살렘을 점령하자, 크리스트교도와의 사이에 몇 차례의 십자군 전쟁이 일어났습니다. 그러나 예루살렘은 몽골군의 침입으로 완전히 파괴되었습니다.

　1517년부터 예루살렘은 오스만 제국의 통치하에 들어갔는데, 이것은 1918년의 제1차 세계대전이 끝날 때까지 계속되었습니다.

진시황릉과 병마용

중국 산시 성 린퉁 현 리산에 있는 진나라 시황제의 능묘입니다. 현성 동북쪽 5킬로미터 지점에 있으며, 1962년에 범위 확인을 위한 조사가 이루어졌습니다.

분구는 방형대상으로 축조되었으며 동서 345미터, 남북 350미터, 높이 76미터의 규모입니다. 분구를 에워싸고 내외성이 쌓여 있습니다.

내성의 너비가 10미터 정도이고, 높이가 0.3~2미터이며, 동서 578미터, 남북 684.5미터의 장방형이고, 동, 서, 북쪽의 중앙에서 문이 하나씩 발견되었습니다.

진시황릉의 발굴 작업

외성은 너비가 6~7 미터, 동서 974.2미터, 남북 2,173미터의 장방형이고, 그 남반부에 내성이 위치하였습니다.

능 안의 여러 곳에 남아 있는 판축, 관명, 공인명을 새긴 기와와 벽돌류로 미루어 보아 다수의 구축물이 예상되었으나 화재로 사라진 것으로 보입니다. 이 밖에도 도용이 있는데, 능 안의 유물은 한

진시황릉의 병마용

대의 것은 없고, 모두 진대의 것입니다.

75년 외성 동쪽 약 1킬로미터 지점에서 시황릉을 경호하는 1군단의 병마용이 발견되었습니다. 묘광은 동서 210미터, 남북 약 60미터, 깊이 4.5~6.5미터의 수갱이며, 총면적이 약 1만 2,600제곱킬로미터에 이릅니다.

조사 구역이 묘광의 일부에 지나지 않았으나, 무인용 약 500체, 도마 24체, 수레 6량 및 각종 무기와 장구가 발견되었으며, 미발굴 지역을 추가할 경우 전부 6,000체의 병마용이 있을 것으로 추측되고 있습니다.

용은 등신대보다 약간 크며 매우 사실적으로 표현되었습니다. 이 유물들에 의해서 이제까지 불명했던 진나라의 무장, 군단의 구성 등에 대하여 구체적으로 알 수 있게 되었으며, 또한 수준 높은 조소 예술과 도자기 기술도 밝혀졌습니다.

만리장성

중국 본토의 북쪽에 축조된 성벽으로, 장성이라고도 합니다. 중국 본토에서 흥망 했던 역대 왕조가 기원전 8세기경부터 외적을 방위하는 군사 시설로 만든 성벽이 긴 세월이 흐르는 사이에 하나로 마무리된 것입니다.

현재의 장성은 간쑤 성의 자위관에서 출발하여 동쪽으로 뻗어 몽골 및 동북 지방과 중국 본토가 경계를 이룬 모양으로서 허베이 성의 산하이관에 이릅니다.

길이는 약 3,000킬로미터로 추측되지만, 이중, 삼중인 것을 헤아리면 5,000킬로미터가량 됩니다.

기원전 221년에 진나라의 시황제가 천하를 통일하자 전국 시대의 여러 나라가 쌓은 장성을 연결하여 흉노 방위를 위해 만리장성을 쌓았다고 합니다.

만리장성

천단

중국에서 명대 이래 천자(황제)가 하늘에 제사지내던 원형의 제단, 또는 그 부속 시설까지도 포함하는 단역 전체를 말합니다.

예로부터 유가의 〈예설〉에서는 천명사상에 의해서 천자만이 하늘에 제사를 지낼 수 있었고, 음양사상에 따라 제천단은 국도의 남쪽 교외에 설치되는 원구였습니다. 그래서 천단을 가리켜 원구, 남교라고도 하였습니다.

이와 같은 남교단은 전한 말인 기원전 32년에 설치된 것이 최초이지만, 남쪽 교외에 원단이 만들어진 것이 확인된 것은 후한 초인 기원후 26년의 일입니다.

황제가 하늘에 제사지내던 천단

그 후, 남교 혹은 원구의 제천 제도는 여러 번의 개혁을 거쳐 위·진·남북조로부터 수, 당을 거쳐 송, 금, 원, 명, 청으로 이어져 왔습니다.

원구의 형태는 편평한 원주형의 단을 겹쳐 쌓은 것으로 양, 진에서는 2성, 수, 당, 송에서는 4성, 원, 명, 청에서는 3성이었습니다. 1534년 원구의 명칭을 고쳐 '천단' 이라고 하였습니다.

윈강 석굴

원강 석굴에 있는 석불

석굴을 파고 그곳에 불상을 모셔 놓은 풍습은 인도에서 시작된 불교 신앙의 한 형태입니다.

북중국에서 석굴을 만들기 시작한 것은 북위 때부터였습니다. 북위는 북아시아 유목민의 한 부족인 선비족이 386년에 세운 왕조로서, 평성으로 도읍을 옮기면서 북중국에 산재했던 여러 왕조를 쓰러뜨리고 강북을 통일하였습니다.

북위는 그때 불교를 받아들인 상태였습니다. 선비족은 자신이 강북의 민족인 한족들을 효과적으로 통치하기 위해서는 어떤 정신적 구심점이 필요하다고 생각했습니다.

그래서 불교를 선택했고, 불력의 위대함을 과시하기 위하여 석굴을 만들기 시작한 것입니다. 그렇게 해서 생겨난 것이 460년에 세워진 윈강 석굴입니다.

윈강 석굴은 야산 기슭의 암벽에 벌집처럼 뚫려 있으며, 황토색이 주조라 토굴 같다는 느낌을 줍니다.

그중에서도 최고는 16굴에서 29굴에 이르는 이른바 '담요 5굴' 로, 담요란 이 석굴 작업을 위해 서역으로부터 초빙해 온 사문통(승려의 우두머리)을 말합니다. 제20굴의 미소를 머금고 있는 거대한 좌불상은 윈강 석굴을 대표한다는 평가를 받고 있습니다.

룽먼 석굴

　5세기 말 북위 시대에 시작하여 당나라 때인 9세기까지 축조가 계속된 룽먼 석굴은 빈양동, 고양동, 연화동, 만불동, 봉선사 등의 석굴 사원과 많은 조각상들로 이루어져 있습니다. 전체 벽감 수는 2,000여 개이며, 여기에 조상이 10만, 글자가 새겨진 제기와 비각이 3,600점, 불탑 또한 40여 점에 이르는 세계적인 불교 예술의 보고입니다.

　그 가운데에서도 룽먼의 가장 큰 볼거리는 봉선사의 본존불인 노사나불입니다.

　불상 대부분이 상처를 입어 흠이 많지만, 노사나불만큼은 온전합니다. 얼굴에서 온화함이 흘러넘치고 풍만한 상체에선 원만함이 묻어나와 말 그대로 대불입니다. 이곳에서 제일 먼저 조영되었다는 고양동도 빼놓을 수 없는 볼거리입니다. 길이가 10미터가 넘는 석굴인데다가 굴의 둥근 천장과 벽면에 불감과 불상, 조각이 수도 없이 새겨져 있습니다.

룽먼 석굴 사원

포탈라 궁전

포탈라 궁전의 내부

중국 시짱 자치구의 수도 라사 북서쪽의 마르포 리 위에 있는 달라이 라마의 궁전입니다. 흔히 체 포탈라(산꼭대기의 포탈라)라고 하며, 우리 말로 번역을 하면, 포탈라 궁전입니다.

'포탈라' 란 남인도에 있는 포타라카(관음이 사는 궁전이라는 뜻)의 전왕입니다. 7세기에 손챈감포 왕이 창설한 것이라고 합니다.

그는 관음의 화신으로 숭배를 받았으므로 그의 궁전을 포탈라라고 불렀습니다.

티베트에 있는 라마교 사원인 포탈라 궁

지금의 포탈라 궁은 제5대 달라이 라마가 1645년부터 조영한 것인데, 50여 년이 걸려서 완성하였습니다.

그런 뒤, 역대 달라이 라마의 왕궁으로서 종교, 정치의 중심 지구가 되었습니다.

궁전은 산비탈면을 따라서 성채를 이루고, 모두 13층, 길이 400미터에 이릅니다.

둔황 석굴

중국 간쑤 성의 둔황 주변에 있는 불교 유적입니다.

1907년에 영국의 스타인, 1908년에 프랑스의 펠리오의 탐험으로 세상에 알려졌습니다.

둔황 석굴의 보살

벽화와 소조 불상 등 불교 미술품 외에도 고문서류가 많이 발견되어 동서 문화 교류사와 중국 불교사에 매우 중요한 존재가 되고 있습니다.

이 유적은 둔황의 막고굴, 서천불동, 안시의 유림굴의 3석굴 사원으로 이루어져 있습니다.

그중에서도 둔황현성의 남동쪽 25킬로미터에 있는 명사산 동쪽 기슭의 마고굴은 규모가 가장 크고 보존 상태도 좋습니다.

자금성

중국 명·청 시대의 베이징 왕궁입니다. 쯔진청이라고도 하는데, 쯔진이란 천제의 궁성으로 전해져 내려오는 전설의 성좌 자미원에서 나온 말로서, 황제의 처소를 말합니다. 처음에 명나라의 영락제가 수도를 난징에서 베이징으로 옮길 때, 원나라 대도의 궁성 터 부근을 이용하여 조성, 10여 년의 공사 끝에 1420년에 완성하였습니다. 그 후 명·청 시대를 통하여 궁전이나 문은 자주 개축, 보수되었으며, 그에 따라 명칭도 바뀌었습니다.

현재의 건물은 대부분이 명나라 때의 양식을 거의 그대로 계승해 청나라 때에 세워진 것입니다.

자금성은 베이징의 옛 내성 중앙 남부 근처에 위치한 동서 약 750미터, 남북 약 960미터의 성벽에 에워싸인 약 72만 제곱미터의 구획으로 그 바깥쪽에는 해자를 둘러쳤습니다.

자금성 전경

중국의 오랜 문화유산의 보고인 자금성

성벽 사방 동서남북에는 각각 문이 하나씩 있는데, 남쪽의 오문은 정문으로서 웅대하며 북쪽에 시무문, 동쪽에 동화문, 서쪽에 서화문이 있고, 네 모퉁이에 각루가 있습니다.

성 안은 남과 북의 2구역으로 크게 나뉘어 남쪽은 공적인 장소인 외조이며, 오문에서 북으로 태화문, 태화전, 중화전, 보화전 등이 중축선을 따라 일렬로 배치되어 있습니다.

자금성에 있는 사자상

이처럼 자금성에는 크고 작은 많은 건물과 장벽, 문이 정연하게 배치되어 황색의 유리로 된 기와, 붉은 색칠을 한 기둥과 어우러져 집단미를 이루고 있습니다. 그리고 이 호화로운 대궁전은 명·청 시대 때에 황제의 권력이 얼마나 막강하였는가를 잘 나타내고 있습니다.

1925년 이래 고궁 박물원으로서 일반에게 공개되었으며, 중국 문화재의 전당이 되어 있습니다.

보로부두르

인도네시아 자바 섬 중부, 자카르타 북서쪽 약 40킬로미터 지점에 있는 대승 불교의 세계적인 석조 유적입니다.

750년경부터 850년경까지 이 지방에 불교, 힌두교 문화가 가장 번성했던 샤이렌드라 왕조 때 자연의 언덕 위에 성토를 하고 5만 5,000제곱킬로미터에 이르는 두께 20~30센티미터 안산암 절석을 10층 안팎으로 쌓아올려 축조하였습니다.

사방 120미터의 기단 위에는 6층의 방형단과 원단이 쌓였으며, 맨 위층에 중심 불탑이 실려 전체의 높이가 42미터에 이릅니다.

보로부두르 불탑

보로부두르의 사원

1814년, 영국인 자바 부총독 라플즈와 기사 코르넬리우스에 의해 재발견된 후 세계적으로 알려졌습니다. 1896년에는 현재의 기단 내부에 일부 미완성이긴 하지만 160면의 조각이 있는 원래의 기단이 발견되어 건설 도중에 공사 변경이 있었던 것이 판명되었습니다.

그리고 1907년부터 5년 동안에 걸쳐 네덜란드 기사 반 엘프에 의해 대규모의 수리 공사가 진행되어 오늘의 모습을 갖추게 되었습니다.

긴설 도중에 무너져 여러 차례 설계를 변경한 흔적이 있는데, 기기에는 현재의 기단을 추가하여 원래의 기단을 숨기고 단수를 늘려서 다시 중심의 불탑을 축조하는 등의 교묘한 조형 처리도 볼 수 있습니다.

앙코르와트

　동남아시아의 중부 캄보디아의 시엠레아프 시에 있는 고대 크메르 왕국 앙코르 왕조 시대의 유적지입니다.

　고대 캄보디아인이 앙코르톰과 함께 브라만교의 사원으로서 건설하였지만, 후에 타이와의 싸움에서 패하자 프놈펜 근처로 천도하였기 때문에 삼림 속에 매몰되어 버렸습니다.

　그러다가 이곳이 유명해진 것은 1860년 프랑스인 박물학자 무어가 이곳을 찾게 되어 유럽에 소개하고서부터였습니다.

앙코르와트 사원의 부조

앙코르와트 사원의 경내

   1907년 프랑스 · 타이 조약에서 이 일대가 프랑스령 인도
차이나(캄보디아)에 할양되고서 이 유적은 캄보디아의 대표
적인 관광지가 되었습니다.
   이곳은 크메르 문화와 캄보디아의 상징일 뿐만 아니라, 세
계적인 문화유산이기도 합니다.

산치

　인도 중부, 마디나프라데시 주의 조드푸르 지방에 있는 불교 유적입니다. 같은 이름의 높이 90미터 언덕 위에 제1, 제2, 제3 대탑 및 사원, 사당 등 기원전 3세기에서 기원후 11~12세기에 걸친 유구, 유지가 20여 기 있습니다.

　기원전 3세기 중엽에 아소카 왕이 벽돌로 만든 소탑을 건립한 것에서 비롯되어 왕의 석주와 4마리의 사자를 배치한 훌륭한 주두도 발견되고 있습니다. 현재 제1탑은 소탑을 중심으로 기원전 2세기 말경 승가 왕조 시대에 증축한 것입니다.

　기부의 지름은 36.6미터이고 현재의 높이는 16.5미터인데, 최상부 외에는 거의 완전히 보존되어 있으며, 오래된 불탑 형식의 전형으로 중시됩니다.

산치 탑

산치 탑문에 새겨진 조각

입구에는 기원 전후인 안드라 왕조 초기에 탑문을 세웠습니다. 이 4개의 탑문은 불전도와 본생도 및 불교의 상징을 부조로 전면 장식하여 고대 인도 초기 미술의 정점을 보여 주는데, 작품의 특성이 중기 인도의 것과 약간 다르므로 마라바 파라고 부르기도 합니다.

제2탑은 언덕의 서쪽 사면에서 조금 떨어진 곳에 위치하며 탑문은 없으나 돌난간이 완전히 보존되어 원형 부조가 주목됩니다.

제3탑은 대탑의 북쪽에 있으며 난간은 없어졌으나 부조로 덮인 남문이 있으며, 부처 2대 제자의 이름을 새긴 사리 용기가 출토되었습니다.

또한, 언덕 위에 굽타 시대 이후의 건조물과 유적이 많습니다. 안전히 보존되어 있는 제17호 사당과 일부 기둥이 남아 있는 제18호 차이티야 사당은 굽타 시대의 것으로 추정됩니다.

타지마할

인도 북부 우타르프라데시 주 아그라 교외에 있는 사당으로, 인도의 대표적인 이슬람 건축입니다.

무굴 왕조 제5대 황제 샤 자한이 1631년 36세에 죽은 사랑하는 왕비 뭄타즈마할을 위해 아무나 강 오른쪽 기슭에 건조한 것으로, 완성까지 18년에서 22년이 걸렸다고 합니다.

타지마할이란 '마할의 왕관'이라는 뜻이며, 건축의 주체는 커다란 사각형의 기단 위에 솟아 있으며, 한 변이 56미터, 중앙의 큰 돔의 높이는 58미터이고, 기단의 네 모퉁이는 미나렛(이슬람 사원의 뾰족탑)이 서 있습니다.

인도인은 '세계에서 가장 아름다운 건축'이라고 찬양하며, 인도 미술의 장려함과 섬세한 기교가 멋지게 융합된 건축미를 보여 주고 있습니다.

인도의 대표적 이슬람 건축물인 타지마할

빈

오스트리아의 수도이며, 빈 주의 주도입니다. 이 나라 최대의 도시로 도나우 강 양안에 발달한 2,000년의 역사를 지닌 고도이고, 오랫동안 유럽과 세계의 정치, 문화적 중심지의 하나였습니다.

이 중심지로서의 역할은 제2차 세계 대전의 국제 정치 상황의 변화로 퇴색되었으나 지금도 국제회의

숲에 둘러싸인 아름다운 도시인 빈

개최 도시로서, 또 음악의 도시로서 세계의 대표적인 도시 중의 하나입니다.

빈의 발전은 그 지리적인 위치의 영향이 큽니다. 알프스와 카르디피아 산맥 사이의 분지를 지나는 고대 '호박의 길' 이라는 남북 교통과 도나우 강의 동서 교통의 교차점이 발전의 요인이 되었습니다.

쇤브룬 궁전

빈에 있는 오스트리아 최대의 궁전입니다. 오스트리아 바로크 양식을 대표하는 건축으로, 200여 년 동안 합스부르크 가의 왕궁이었습니다.

오스트리아 대공 막시밀리안이 세운 왕실 수렵관이 1683년 터키군에 의해 파괴된 후, 1695년 황제 레오폴트가 그 자리에 여름 궁전으로 건립한 것입니다.

공사는 건축가 에를라흐가 맡아 1696년에 시작, 건물의 조영과 함께 정원도 정비하였습니다. 그 후 파카시에 의해 구조에 부분적인 수정이 가해졌으며, 내부 장식 등 최종적인 형태가 갖추어진 것은 마리아 테레지아 치하인 1749년입니다.

건물의 빛깔은 '마리아 테레지아 옐로'라는 독자적인 것이며, 외관의 구성이 매우 간결한데 비해 내부는 로코코 양식의 그림, 조각으로 꼼꼼하게 꾸며져 있습니다.

쇤브룬 궁전

알람브라 궁전

에스파냐 그라나다에 있는 중세 이슬람 건축입니다. 세련되고 화려한 아름다움이 세계적으로 유명합니다. 이슬람의 마지막 왕조인 나스르 왕조 모하메드 1세와 모하메드 5세 치하에서 건설 되었습니다.

궁전의 전체 대지는 부정형으로 되어 있으나, 기본적으로는 중정 3곳을 중심으로 구성되어 있습니다. 도금양

알람브라 궁전

중정에는 직사각형 연못의 동서쪽으로 도금양이 심어져 그 주변 알현 공간 등 왕의 공적 공간이 즐비합니다.

유명한 사자중정 주위에는 왕의 사적 공간이 만들어져 있고, 중앙의 사자 분수와 주위에 즐비한 내리식 원기둥 등이 섬세하고 그 회된 공간을 만들고 있습니다. '두 자매의 방' 등 각 방의 천장, 벽, 바닥은 회반죽과 채색 타일을 써서 아라비아식으로 장식되었는데, 인공미를 느낄 수 있습니다.

베른

　스위스 연방의 수도인 베른은 스위스의 중서부 아레 강 연안에 발달한 도시이며, 취리히와 로잔을 잇는 철도 거의 중간에 있다. 12세기 후반에 서방에 대한 군사 도시로 건설되었습니다.

　그래서 스위스의 딴 도시와는 달리 로마인이 구축한 성벽은 없습니다.

　인구의 80퍼센트는 독일어, 프랑스어와 이탈리아어를 각각 6퍼센트 쓰며, 종교는 77퍼센트가 프로테스탄트, 21퍼센트가 가톨릭입니다.

　아레 강이 크게 구불구불 흘러가는 안쪽의 대지에 있는 구시가에는 중세의 옛 모습이 남아 있으며, 거리의 집들은 지형에 걸맞은 모양으로 건축되어 있고 도로가 동서로 뻗어 있습니다.

　이곳에는 연방 의사당, 연방 정부 청사, 시청사, 대성당, 자연 박물관, 알프스 박물관, 극장 등이 있어 시가의 중추부를 이루고 있습니다. 현재의 시역은 그 주변부에 확장되어 있으며, 신시가는 아레 강에 가설된 몇 개의 교량으로 구시가와 연결되어 주택지를 이루고 있습니다.

베른 시 전경

　베른의 명칭은 베르(곰)에서 유래했으며, 시의 문장에는 곰의 도안이 쓰이고 있습니다.

상트페테르부르크

　1703년, 표트르 대제가 이 지역을 스웨덴으로부터 탈환하여 유럽을 향한 창문을 건설하기로 하여 요새를 건설한 것이 이 시의 기원입니다.

　'성 베드로의 시'라는 뜻을 가지고 있는 상트페테르부르크는 1914년 독일과 전쟁이 벌어지자, 시의 독일식 명칭을 슬라브 어인 '레닌그라드'로 고치기도 하였습니다. 표트르 대제는 신수도 건설을 위해서 해마다 4만 명 이상 되는 농민을 강제로 동원하여 많은 희생자를 낳았습니다. 또한, 귀족이나 상인, 수공업자를 강제로 이곳에 입주시키고, 수도를 모스크바에서 이곳으로 옮겼습니다.

　그 후, 라스트레레리 등 이탈리아 건축가들의 협력을 얻어 장대한 궁전, 사원, 관청, 극장 그리고 큰 거리, 공원, 운하 등을 차례로 건설하여 러시아에서는 가장 근대적인 아름다운 도시가 되었습니다.

상트페테르부르크의 여름 궁전

사마르칸트

중앙아시아 우즈베키스탄 공화국의 중동부 사마르칸트 주의 주도입니다. 파미르 고원 북쪽 기슭에서 서쪽으로 흐르는 제라프샨 강의 하곡에 위치합니다.

소그디아나의 오아시스 도시로서 기원전 500년경에 성립되었습니다. 고대의 주요 가구는 현 사마르칸트 시의 동북쪽에 접하는 아프라시아의 언덕인데, 소련의 고고학자들에 의하여 발굴, 조사되었습니다.

사마르칸트는 알렉산드로스 대왕이 동방 원정 중에 점령한 마라칸다로서 처음으로 문헌에 기록되었습니다. 714년에 아랍 장군 쿠타이바의 공략을 받아 이슬람의 도시가 되었고, 사만 왕조, 카라한 왕조, 셀주크 왕조, 호라즘 샤 왕조의 중심 도시가 되었으며, 이슬람의 학문, 예술, 문화 및 동서 중계 상업의 최대 중심지로 번영하였습니다.

사마르칸트에 있는 티무르 왕국의 묘당

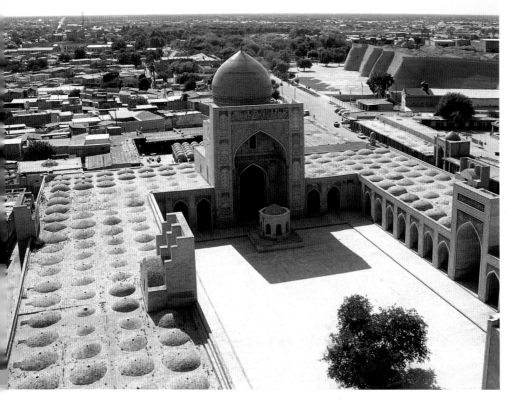

키예프

우크라이나 공화국의 수도로 대도시권을 형성하는데, 그중 63 퍼센트가 녹지입니다.

중심 시가는 드네프르 강 중류부의 양안에 위치하고, 국제공항과 하천항구가 있으며, 모스크바, 하리코프 및 국외의 바르샤바, 프라하 등지로 철도가 통합니다.

풍부한 사적이 있는 고도로서 성 소피아 사원, 옛 성문인 '금문' 등이 남아 있습니다. 페체르스카야 수도원에는 참배인이 많으며, 카타콤도 보존되어 있습니다.

러시아 고고학적 자료에 의하면, 키예프는 이미 구석기 시대에 형성되었다고 하지만, 본격적으로

키예프의 성 안드레이 사원

이 도시가 형성된 것은 6~7세기경으로 보입니다.

8세기경에는 비잔티움 제국 등 동방의 여러 나라와의 통상으로 발전하였고, 9세기 말에는 키예프 대공국의 성립으로 그 수도가 되었으며, 10세기 말 키예프 대공국이 그리스 정교 수용으로, 11세기에는 성 소피아 사원, 페체르스카야 수도원 등 러시아 최고의 종교적 건조물이 건축되었습니다.

붉은 광장

　러시아의 수도 모스크바의 중심부에 위치하며, 크렘린의 북동쪽 성벽에 접해 있는 광장입니다. 길이 700미터, 평균 너비 130미터의 직사각형으로 북서쪽 끝에 역사박물관, 남동쪽에 포크로프스(통칭 블라제누이) 성당이 있습니다.

　남쪽으로는 완만한 비탈길 아래로 모스크바 강 변이 있으며, 크렘린 성벽을 따라 레닌 묘가 있는데, 메이데이나 혁명 기념일의 퍼레이드 때에 이 성벽의 중단에 공산당과 정부 요원들이 늘어서서 열병식을 포함한 행사를 구경하곤 하였습니다.

　과거에는 '상업 광장' 또는 '화재 광장' 이라고 일컬었습니다.

　18세기에 크라스나야('빨간' 또는 '아름다운' 의 뜻) 광장이라고 고쳐 부르게 되었습니다.

붉은 광장의 성 바실리 사원

웨스트민스터 사원

영국 런던에 있는 이 사원은 역대 제왕의 대관식 장소로 알려져 있습니다. 창건은 7세기까지 거슬러 올라가며 11세기에 에드워드 참회왕이 한 차례 재건하였습니다.

현재의 건물은 헨리 3세의 발안으로 1245년 기공하여 1269년에 완성하여 헌당하였습니다.

그러나 그 후에도 증축이 거듭되어 서쪽 정면은 예벨의 설계로 14~15세기에 건립되었으며, 1503년부터 1512년에는 뒤쪽에 헨리 7세의 성당이 증축되었고, 맨 마지막으로 종탑이 완성된 것은 1734년 때의 일입니다.

사원의 내부는 벽면과 바닥 모두 역사상 인물의 묘비와 기념비로 채워져 있습니다. 정면 입구를 들어서면 처음으로 보이는 것이 처

웨스트민스터 사원

칠 기념비, 그 왼편에 노동당 지도자 애틀리, 맥도널드 등의 기념비, 그 바로 뒤에 아프리카 탐험가로서 업적을 세운 리빙스턴의 묘가 있습니다. 중앙 오르간 왼편은 과학자 뉴턴의 묘비입니다.

익랑 왼편에는 피드, 글래드스턴 등 재상들의 무덤이 있고, 반대쪽의 일부는 통칭 '시인 코너'로 불리어 초서, 롱펠로, 브라우닝, 바이런 등과 스콧, 헨델, 키츠, 셸리 등 저명한 작가, 시인, 음악가의 묘비군이 늘어서 있습니다.

필라델피아의 독립기념관

미국 펜실베이니아 주의 최대 도시인 필라델피아에 있는 독립기념관은 전의 주의회 의사당입니다.

독립선언(1776년)과 헌법 회의(1787년)가 개최된 곳으로 알려져 있으며, 자유의 종이 소장되어 있는 등 관광의 중심으로 되어 있습니다.

펜실베이니아 주 필라델피아의 독립기념관에 있는 '자유의 종'은 미국 자유의 상징으로서 역사적 의의를 지니고 있습니다. 자유의 종에는 '전 국토를 통하여 전 주민을 위하여 자유를 요구한다.' 라는 의미의 문장이 새겨져 있습니다.

1776년 7월 8일 독립선언이 선포되었을 때 울린 것으로 유명하며, 또한 1983년 4월 16일 독립 전쟁의 강화가 성립된 것을 알리기 위하여 종을 쳤으므로 '독립의 종' 이라고도 합니다.

필라델피아의 독립기념관에 있는 '자유의 종'

자유의 여신상

미국 뉴욕 만의 리버티 섬에 있는 거대한 여신 동상입니다. 이 동상은 오른손에 횃불을, 왼손에 독립선언서를 들고 있습니다. 맨해튼 남단에서 페리로 15분 거리에 있습니다.

옛 요새 위에 세워졌으며 대좌의 높이는 약 47미터입니다. 동상 자체의 높이(횃불까지)는 46미터이며, 무게는 약 25톤으로서 동상을 214개 부분으로 나누어 프랑스에서 운반하였습니다.

엘리베이터로 대좌에 오르고 다시 동상 내부의 나선형 계단을 오르면 여신의 관 밑에 있는 전망대로 갈 수 있습니다.

프랑스가 미국의 독립혁명을 도운 것을 기념하여 미국에 기증한 것인데, 미국 독립 승인 100주년인 1886년에 완성하였습니다.

이 동상을 기증하기로 계획을 추진할 때, 제작을 맡은 사람은 프랑스 조각가 바르톨디인데, 그는 자신의 어머니를 모델로 하였다고 합니다.

자유의 여신상

히메지 성

　일본 효고 현 남서부, 하리마 평야의 중부에 있는 상공업 도시입니다.

　이차카와 강, 유메사키 강, 이보 강의 하류 지역을 차지하는 교통의 요지로 하리마 공업 지역을 형성합니다.

　제2차 세계 대전 후 전재 부흥 사업으로 근대 도시가 되었고, 전통적인 식품 공업 외에 히로하타에 제철, 시라하마, 아보시, 시카마에 제유, 금속, 방적 등의 대공장이 설치되면서 중화학 공업도시로 변모하고 있습니다.

　히메지 성, 덴슈각을 비롯한 여러 역사적 건물, 현립 역사박물관, 하리마 고쿠분사 터, 로프웨이로 갈 수 있는 쇼샤 산, 데가라 산 등의 관광지가 있습니다.

일본의 히메지 성

히로시마의 원폭 돔

일본의 히로시마는 청·일 전쟁 이래 군사 도시로서 발전하였으나, 1945년 8월 6일, 사상 최초의 원자 폭탄 투하로 초토화되어 약 20만 명의 사상자를 냈습니다.

1949년, 평화 도시 건설법을 제정하여 참신한 도시 계획에 따라 부흥하였으며, 주고쿠 지방의 경제와 문화의 중심 도시가 되었습니다.

평화 기념관과 원

히로시마 원폭 돔

폭 돔이 있어 국내외로부터 많은 관광객이 몰려듭니다.

남부 일대는 세토나이카이 국립 공원 지정 지역으로서, 일본의 3경이 하나로 꼽히는 이쓰쿠시마 섬 등 경승지가 많습니다. 또 세계 최초의 원폭 피해 도시인 히로시마는 많은 사람들의 관광 명소로 자리 잡았습니다.

세계 문화유산 등록 문화재

국가	세계 유산
가나	엘미나 성, 아샨티 궁전
과테말라	안티구아 과테말라, 귀리구아 고고 공원, 티칼
그루지야	므츠헤타, 바그라티 대성당 · 게라티 수도원, 아퍼 스반네티
그리스	아테네 아크로폴리스, 델피, 에피다우로스, 미케네, 올림피아, 테살로니키, 베르기나, 다프니 · 오시오스 루카스 · 네아모니 수도원, 미스트라, 바사이, 사모스, 델로스, 로도스, 밧모 섬, 아토스 산, 메테오라
나이지리아	수쿠르 문화 경관
남아프리카	로벤 섬, 스케르크폰타인, 드라켄스베르그, 그레이터 센트 루시아 습지 공원
네덜란드	킨데르다이크의 풍차, 리트펠트 슈뢰더 하우스, 암스테르담 수방선, 쇼호크란드, 벰스터, 부다 펌프장, 빌렘스타트
네팔	카트만두 계곡, 룸비니, 사가르마타 국립 공원, 로얄 치트완 국립 공원
노르웨이	브리겐 지구, 우르네스 목조 교회, 뢰로스, 알타의 바위그림
뉴질랜드	통가리로 국립 공원, 남서 뉴질랜드의 테 와히푸나무 지구, 뉴질랜드 아남극 제도
니제르	아일 · 테네레 자연 보호 구역, 니제르 W 국립 공원
나카라과	레온 비헤오
덴마크	로스킬레, 옐링 언덕, 크론보그 성

아테네 아크로폴리스

풍차

국가	세계 유산
도미니카	몽 트와 피통 국립 공원
도미니카 공화국	산토도밍고
독일	아헨 대성당, 뤼베크, 뷔르츠부르크, 밤베르크, 쾰른 대성당, 힐데샤임의 성모 성당, 성 미카엘 성당, 비스 순례교회, 슈파이어 대성당, 트리어, 마울브론 수도원, 비텐베르크, 발트부르크, 베를린 박물관 섬, 포츠담 · 베를린 궁전, 바이마르, 데사우 뵈를리츠의 정원, 바이마르 · 데사우의 바우하우스, 람멜스베르크 · 고슬라, 퀘들링부르크, 로르슈 수도원, 뵐클링겐 제철소, 브뤼흘, 라이헤나우, 에센, 메셀 피트 화석 유적
라오스	루앙 프라방, 참파삭
라트비아	리가
러시아	붉은 광장 · 크렘린 궁전, 솔로베츠키 섬, 키지 섬, 수즈달 · 블라디미르 교회, 콜로멘스코예 승천 교회, 세르기예프 포사드, 노브고로드, 카잔 크렘린, 코미 야생림, 바이칼 호수, 캄차카 화산 지대, 알타이 산맥, 서 코커서스 지구, 센트랄 시코테 알린 삼림 지대, 상트페테르부르크

붉은 광장

쾰른 대성당

국가	세계 유산
레바논	바알벡, 안자, 비블로스, 티레, 카디샤 계곡
루마니아	호레수 수도원, 시기소아라, 다키아 요새, 마라무레슈 목조 교회, 몰다비아 교회군, 비에르탕 요새 교회, 도나우 삼각주 대습지
룩셈부르크	룩셈부르크시티
리비아	렙티스 마그나, 사브라타, 가다메스, 키레네, 타드라르트 아카쿠스 바위그림
리투아니아	빌뉴스
마다가스카르	암보히망가, 칭기 드 베마라하 자연 보호 구역
마케도니아	오흐리드
말라위	말라위 호수 국립 공원
말레이시아	구눙물루 국립 공원, 키나발루 공원
말리	팀북투, 젠네, 반디아가라
멕시코	멕시코시티, 테오티와칸, 오아하카·몬테알반, 치첸이차, 우스말, 엘 타힌, 팔렌케, 파키메, 소치칼코, 과달라하라의 카바냐스 문화원, 푸에블라, 틀라코탈판, 사카테카스, 케레타로, 모렐리아, 과나후아토, 캄페체, 포포카테페틀 초기 수도원, 시에라 데 산프란시스코 바위그림, 시안 카안, 엘 비즈카이노 고래 보호 구역

상트페테르부르크의 에르미타주 미술관

국가	세계 유산
모로코	마라케시, 페스, 메크레스, 테투안, 볼루빌리스, 아이트 벤 하두, 에사우이라
모리타니	우아단 · 싱게티 · 티시트 · 우알라타, 알강 암초 국립 공원
모잠비크	모잠비크 섬
몰타	발레타, 거석 신전, 할 사플리에니
미국	메사 베르데, 타오스, 차코, 카호키아, 필라델피아의 독립 기념관, 자유의 여신상, 몬티셀로 · 버지니아 대학, 산후안엘로우스톤, 그랜드캐니언 국립 공원, 에버글레이즈 국립 공원, 레드우드 국립 공원, 올림픽 국립 공원, 맘모스 동굴 국립 공원, 그레이트 스모키 산맥 국립 공원, 하와이 화산 국립 공원, 칼스바드 동굴 국립 공원, 요세미티 국립 공원
미국 · 캐나다	알래스카 · 캐나다 국경 지대 산악 공원군, 워터톤 글라시어 국제 평화 공원

알래스카의 빙하

자유의 여신상

그랜드 캐니언

국가	세계 유산
바티칸	바티칸 시
방글라데시	바게르하트, 파하르푸르, 순다반스 야생 동물 보호 구역
베네수엘라	코로, 카라카스 대학, 카나이마 국립 공원
베넹	아보메이 궁전
베트남	후에, 호이안, 미송, 하롱만
벨기에	브뤼셀의 그랑 팔라스, 브뤼즈, 브뤼셀 시민 회관, 투르네의 노트르담 대성당, 플랑드르 · 왈롱 지방의 종탑, 베긴 수녀회 건물, 스핀느의 신석기 유적, 중앙 운하
벨로루시	미르 성
벨로루시 · 폴란드	벨로루시 폴란드 국경 야생림
벨리즈	벨리즈 베리어 환초 보호구역
보츠와나	초딜로
볼리비아	포토시, 수크레, 치키토스 예수회 전도회, 사마이파타 요새, 티와나코, 노엘 켐프 메르카도 국립 공원

바티칸시티 산 피에트로 대성당 후원

국가	세계 유산
불가리아	릴라 수도원, 카잔루크의 트라키아 왕묘, 스베슈타리, 네세바르, 이바노보, 마다라 기마상, 보야나 교회, 스레바르나 자연 보호 구역, 피린 국립 공원
브라질	올린다, 오우로 프레토, 생루이, 살바도르 데 바이야, 콘코냐스, 디아만티아, 고이아스, 브라질리아, 세라 데 카피바라 국립 공원, 이과수 국립 공원, 아틀란틱 삼림보호 구역, 디스커버리 코스트 아틀란틱 삼림 보호 구역, 하우 국립 공원, 판타날 보호 구역군, 브라질리안 아트란틱 군도, 차파타 도스 베아데이로스 · 에마스 국립 공원
브라질 · 아르헨티나	과라니 예수회 전도소
사이프러시	파포스, 트루도스, 호이로코이티아
세인트크리스토퍼네비스	브림스톤 힐 요새
세네갈	고레 섬, 상 루이 섬, 쥬지 국립 조류 보호 구역, 니오콜로 · 코바 국립 공원
셰이셜	알다브라 환초 지구, 마이 계곡 자연 보호 구역
솔로몬 군도	동 렌넬 동굴군

브라질리아의 국회 의사당

브라질의 리우 카니발

브라질의 이과수 폭포

셰이셜의 수도 빅토리아

국가	세계 유산
수리남	센트랄 수리남 자연보호구역
스리랑카	아누라다푸라, 폴론나루와, 시리기야, 골, 담블라, 캔디, 신하라자 삼림보호구역
스웨덴	드로트닝홀름 궁전, 비스뷔, 비르카 · 호브고덴, 스코그스키르코가르덴, 엥겔스바하 제철소, 팔룬 탄광촌, 타눔 바위그림, 룰레오, 윌란드, 칼스크로나, 라플란드, 보트니아 만의 하이 코스트
스위스	베른, 생 갈 수도원, 벨린초네, 뮈스타일, 융프라우 · 알레츠 · 비에초른 빙벽지구
슬로바키아	스피스키 성, 반스카 스티아브니차, 블콜리네츠, 바르데요프
슬로바키아 · 헝가리	아그탈레크 · 슬로바키아 카르스트 동굴군
슬로베니아	슈코치안 동물군
시리아	다마스쿠스, 알레포, 팔미라, 보스라
아르메니아	하그파트 수도원, 게하르트 수도원, 에치미아진 교회군
아르헨티나	코르도바 예수회 전도소, 리오 핀투라스 계곡의 손의 동굴, 로스 그라시아레스 빙하지대, 이과수 국립 공원, 발데스 반도, 이쉬구알라스토 · 탈람파야 자연 공원군

베른 시

코르도바

국가	세계 유산
아이티	아이티 국립 공원
아일랜드	보인 계곡, 스켈리그 마이클
아제르바이잔	바쿠
알바니아	부트린트
알제리	팀가드, 제밀라, 티파사, 알제이 카스바, 베니 함마드, 무자브 계곡, 타실리 나 세르
에스토니아	탈린
에스파냐	알타미라 동굴 벽화, 이베리아 반도의 바위 그림, 아타푸에르카, 톨레도, 산 티아고 데 콤포스텔라, 콤포스텔라 가는 길, 부르고스 대성당, 엘 에스쿠리 알 수도원, 아스투리아 왕립 교회, 포블레 수도원, 세비야, 과달루페 왕립 수도원, 산 미야 주소, 그라나다의 알람브라 궁전, 아란후에스, 코르도바, 바르셀로나의 가우디 건축물, 카달루냐 음악당, 아빌라, 세고비아, 살라망 카, 알칼라 데 에나레스, 쿠엔카, 카세라스, 메리다, 라스 메둘라스 보이 계 곡의 로마네스크 교회, 발렌시아 비단 거래소, 아라곤의 무데하르 건축물, 테라코, 루고, 엘체의 대추야자 농장, 산크리스토발 데 라구나, 이비사, 가 라호나이 국립 공원, 도냐나 국립 공원

탈린

알타미라 동굴 벽화

가우디의 파밀리아 성당

국가	세계 유산
에스파냐 · 프랑스	페르뒤산
에콰도르	키토, 리오 데 쿠엔카, 갈라파고스 군도, 상가이 국립 공원
에티오피아	아와시 강 하류, 오모 강 하류, 악숨, 랄리벨라, 곤다르 , 티야, 시멘 국립 공원
엘살바도르	오야 데 세렌
영국	웨스트민스터 사원, 런던탑, 캔터베리 대성당, 그리니치, 블렌하임 궁, 스톤헨지, 배스, 귀네드의 에드워드 1세 성, 아이언브리지, 파운틴스 수도원 · 스터들리 왕립 공원, 하드리아누스 장성, 더램 성 · 더램 대성당, 에든버러, 뉴라나크, 샐태어, 더웬트 계곡, 오크니, 블래나본, 성 조지, 세인트 킬다 섬, 자이언트 석도 · 석도 해안, 핸더슨 섬, 고프 섬 야생 동물 보호 구역, 도세트 · 동드봉 해안
예루살렘	예루살렘

웨스트민스터 사원

런던탑

스톤헨지

국가	세계 유산
예멘	사나, 시밤, 자비드
오만	바흘라 성채, 바트 · 알아인 · 알쿠틈, 유향의 길, 아라비안 오릭스 보호 구역
오스트리아	빈, 쇤브룬 궁전, 잘츠부르크, 그라츠, 할슈타트 · 다흐슈타인 잘츠캄머구트, 젬메링 고산철도, 바샤우
오스트리아 · 헝가리	노이지들러 호수
오스트레일리아	카카두 국립 공원, 울루루 · 카타 주타 국립 공원, 윌란드라 호수, 타스마니아 야생 공원, 그레이트 배리어 환초 지역, 로드 하워 군도, 오스트레일리아 중동부 다우림 보호 구역, 퀸즈란드 열대 습윤 지역, 서 오스트레일리아의 샤크 만, 프레이저 섬, 오스트레일리아 포유류 화석 보존지구, 맥코리 섬, 허드 · 맥도날드 군도, 그레이터 블루 산맥 지구
온두라스	코판, 리오 플라타노 생태 보호 구역
요르단	페트라, 암라 성
우간다	카수비 왕묘, 르웬조리 산맥 국립 공원, 뷘디 국립 공원

예멘의 수도 사나

쇤브룬 궁전

예루살렘

국가	세계 유산
우루과이	콜로니아 데 사크라멘토
우즈베키스탄	부하라, 이찬칼라, 사마르칸트, 샤키리시야브즈
우크라이나	키예프, 리비프
유고	코토르, 스타리라스·스포차니, 스투데니차 수도원, 두르미토르 국립 공원
이라크	하트라
이란	페르세폴리스, 초가잔빌, 이스파한의 이맘 광장
이스라엘	마사다 요새, 아코
이집트	피라미드 군, 룩소르, 아부심벨 신전·누비아 유적, 카이로의 이슬람 지구, 아부메나
이탈리아	로마, 바티칸시티, 폼페이·에르콜라노·토레 아눈치아타, 나폴리, 피렌체, 라벤나, 베네치아, 페라라, 피사의 두오모 광장, 산타 마리아 델 그라치에 수도원·레오나르도 다 빈치의〈최후의 만찬〉, 발카모니카 바위 그림, 베로나, 알베로벨로, 마테라의 동굴 주거유적, 크레스피 다다, 시에나, 아씨시, 피엔자, 산지미냐노, 비첸차, 토리노의 왕궁, 파두아 식물원, 몬테 성, 아키레이아, 모데나, 우르비노, 카세르타, 아말피 해안, 칠렌토·디아노 계곡, 포르토 베네레 섬, 아그리젠토, 빌라 로마나 델 카살레, 바르미의 누라게, 하드리아누스 별장, 티볼리, 에올리에 섬

아부심벨 신전

피라미드

국가	세계 유산
인도	아잔타, 엘로라, 엘레판타, 산치 대탑, 카주라 호, 타지마할, 아그라 성, 후마윤 묘, 쿠트브 미나르, 파테푸리 시크리, 콘나락, 마하발리푸람, 함피, 파타다칼, 탄자부르, 고아, 다르질링 히말라야 철도, 케오라데오 국립 공원, 카지랑가 국립 공원, 마나스 야생 동물 보호 구역, 순다반스 국립 공원, 난다 데비 국립 공원
인도네시아	보로부두르 사원, 프람바난 사원, 산기란, 우중쿠론 국립 공원, 코모드 국립 공원, 로렌츠 국립 공원
일본	호류 사, 교토, 나라, 닛코의 도쇼구, 히로시마 평화 기념 공원, 히로시마의 이즈쿠시마 신사, 히메지 성, 시라가와고 · 고카야마, 오키나와 나하, 야쿠시마, 시라카미 산지
잠비아 · 짐바브웨	빅토리아 폭포

타지마할

보로부두르 사원

국가	세계 유산
중국	자금성, 이화원, 천단, 만리장성, 명13릉 · 청동릉 · 청서릉, 주구점, 승덕 피서 산장, 곡부의 공묘 · 공림 · 공부, 진 시황릉 · 병마용, 둔황 막고굴, 윈강 석굴, 룽먼 석굴, 소주, 대족의 마애 석각, 청성산 · 도강언, 평요 고성, 려강 고성, 무당산 고건축물, 여산 국립 공원, 서체 · 굉촌, 라사의 포탈라 궁, 무이산, 아미산 · 낙산 대불, 태산, 황산, 황룡 자연 경관 지구, 구채구 계곡, 무릉원 자연 역사 경관 지구
중앙 아프리카 공화국	마노보 · 군다 산 플로리스 국립 공원
짐바브웨	그레이트 짐바브웨, 카미, 마나 풀스 국립 공원
체코	프라하, 체스키 크룸로프, 브루노의 투겐타트 빌라, 텔치, 성 요한 네포묵 교회, 레드니체 발티체 문화 경관 지구, 크로메리츠 성, 홀로소비체, 올로무츠의 성 삼위 일체 원주, 리토미슬 성, 쿠트나호라
칠레	라파누이, 칠로에 교회
카메룬	쟈 야생 동물 보호 구역

천단

만리장성

크룸로프

국가	세계 유산
캄보디아	앙코르 유적
캐나다	퀘벡, 룬넨부르크, 란소 메도우 국립 역사 공원, 버팔로 수렵장, 안소니 섬, 나하니 국립 공원, 디노사우르(공룡) 주립 공원, 우드 버팔로 국립 공원, 캐나디언 로키 산맥 공원군, 그로스 몬 국립 공원, 미과샤 국립 공원
케냐	라무, 투르카나 호수 국립 공원, 케냐 산 국립 공원
코스타리카	코코스 섬 국립 공원, 과나카스테 보호 구역
코스타리카 · 파나마	탈라망카 레인지 보호 구역 · 라 아미스타드 국립 공원
코트디부아르	타이 국립 공원, 코모에 국립 공원
코트디부아르 · 기니아	님바 산 자연 보호 구역
콜롬비아	산 아우구스틴 고고 공원, 티에라덴트로, 산타크루스 데 몸폭스, 카르타헤나, 로스 카티오스 국립 공원
콩고	비룽가 국립 공원, 가람바 국립 공원, 카후지 · 비에가 국립 공원, 살롱가 국립 공원, 오카피 야생 동물 보호 구역

캄보디아의 힌두교 유적인 앙코르 와트

캐나다의 로키 산맥

국가	세계 유산
쿠바	아바나 구시가, 트리니다드 · 잉헤니오 계곡, 산티아고 데 쿠바, 비냘레스 계곡, 커피 플랜테이션, 데셈바르코 델 그란마 국립 공원, 알레한드로 데 훔볼트 국립 공원
크로아티아	두브로브니크, 디오클레티아누스 궁전, 트로길, 포레츠, 시벤니크, 플리트비체 호수 국립 공원
탄자니아	잔지바르 섬, 킬와 키시와니 · 송고 무나라, 엔고롱고로 자연 보호 구역, 세렝게티 국립 공원, 셀루스 야생 동물 보호 구역, 킬로만자로 국립 공원
태국	수코타이, 아유타야, 반창, 퉁야이 · 화이카 켕 야생 동물 보호 구역
터키	이스탄불, 하투사, 산프란볼루, 디브리기, 넴누트 산, 트로이, 크산토스 · 레툰, 파무칼레 · 히에로폴리스, 카파도키아 · 괴레메 국립 공원
투르크메니스탄	메르브
튀니지	카르타고, 튀니스, 케르쿠안, 엘젬 원형 극장, 수스, 카이루안, 두가, 이슈케울 국립 공원
파나마	포르토벨로 · 산 로렌츠 요새, 파나마 구시가 · 살롱 볼리바르, 다리언 국립 공원
파라과이	트리니다드 예수회 전도소
파키스탄	모헨조다로, 탁티바히, 탁실라, 라호르 성채 · 살리마르 정원, 로타스 요새, 타타

커피 플랜테이션

잔지바르 섬

국가	세계 유산
페루	쿠스코, 리마, 나스카의 지상 그림, 아레키파, 차빈, 찬찬, 마추픽추, 리오 아비세오 국립 공원, 우아스카란 국립 공원, 마누 국립 공원
포르투갈	리스본의 벨렝 지구, 신트라, 에보라, 포르토, 알토 도우로, 기마랑스, 아조레스 제도, 바탈랴 수도원, 토마르 수도원, 알코바사 수도원, 코아 계곡, 마데이라 삼림 지대
폴란드	크라코프, 아우슈비츠 강제 수용소, 바르샤바, 자모스치, 말보르크, 칼바리아 제브르도프스카, 야보르·스비드니차 평화 교회, 토룬, 비에리츠카 소금 광산
프랑스	파리의 센 강 일대, 베르사유 궁전, 퐁텐블로 궁전, 사르트르 대성당, 아미앵 대성당, 베즐레, 몽생 미셸, 랭스 대성당, 부르쥬 대성당, 생 사뱅 쉬르 가탕프 교회, 퐁트네 수도원, 루아르 계곡·상보르 성, 베제레 계곡의 동굴 벽화, 스트라스부르, 리옹, 프로뱅, 아비뇽, 아를, 오랑주, 님의 가르 다리, 낭시의 스타니슬라스·카리에·알리앙스 광장, 미디 운하, 카르카손느, 알케스낭 왕립 제염소, 상태밀리옹 교구, 산티아고 데 콤포스텔라로 가는 길, 지로랏타 곶·포르토 곶·스칸드라 자연보호 구역
핀란드	수오멘린나, 페테예베시, 베를라, 라우마, 삼말라덴메키
필리핀	코르디예라의 계단식 논, 필리핀의 바로크 양식 교회, 비간, 투바타하 환초 해양 공원, 푸에르토 프린세사 지하 수맥 국립 공원
한국	불국사·석굴암, 해인사 장경전·팔만 대장경, 종묘, 경주 역사 유적 지구, 고인돌 유적, 창덕궁, 수원 화성, 조선 왕릉, 하회·양동 마을
헝가리	부다페스트, 판논할마 천년 왕국 교회, 홀로쾨, 호르토바기 국립 공원, 페츠

마추픽추

파리의 센 강

〈세계사 이야기〉 관련 홈페이지

골말의 역사 교실 http://history.new21.net

공자를 찾아서 http://nagizibe.com.ne.kr

김제훈의 역사가 좋아요 www.historylove.com

대영 박물관 www.thebritishmuseum.ac.uk

독일 정보 www.nobelmann.com

러시아 우주 과학회 www.rssi.ru

루브르 박물관 www.louvre.fr

링컨(백악관) www.whitehouse.gov/history/presidents/al16.html

메트로폴리탄 미술관 www.metmuseum.org

버지니아 대학 도서관 http://etext.virginia.edu/jefferson

사이버 스쿨버스 www.cyberschoolbus.un.org

서양 미술 사학회 www.awah.or.kr

소창 박물관 www. sochang.net

영국의 왕실 공식 사이트 www.royal.gov.uk

유엔(UN) www.un.org

이슬람 소개 www.islamkorea.com

인도의 독립 운동가 간디를 소개하는 사이트 http://mkgandhi.org

정재천의 함께하는 사회 교실 http://yuksa.new21.org

제1차 세계 대전의 원인, 주요 전투, 관련 인물, 연대표 수록

http://firstworldwar.com

주한 독일 문화원 www.gothe.de/seoul

주한 중국 문화원 www.cccseoul.org

주한 프랑스 문화원 www.france.co.kr

중국의 어제와 오늘 www.chinabang.co.kr

차석찬의 역사 창고 http://mtcha.com.ne.kr

한국 서양사 학회 http://www.westernhistory.or.kr

한국 셰익스피어 학회 www.sakorea.or.kr

한국 프랑스 사학회 http://frenchhistory.co.kr